AURINKOON

NIMESI

KIRJOITIN

Kimmo Somppi

FSC
www.fsc.org
MIX
Paperi vastuul -
lisista lähteistä
Paper from
responsible sources
FSC® C105338

Kustantaja: BoD - Books on Demand, Helsinki, Suomi
Valmistaja: BoD - Books on Demand, Norderstedt, Saksa
ISBN: 978-952-318-868-6

dokumentin itsestäni
sen kirjoitan
    säv. ja san. minä itse ja hän

porttien takana
      valkoisen auringon syli
kaukana jossain
      sieluni koti

      kun kuljet ohitseni
on kuin veisit minut mukanani

tule luokseni kun yö kuiskaa nimesi

Unohdatko
      jos jossain näen sinut
muistatko
          mitä tapahtui silloin
kun enkeli tuli hetkeksi luoksemme

pimeän yön lapset
      päivän valossa hymyilevät
          luonnottomasti
              kun eivät osaa itkeä

huomasin kun tähdet
    katosivat minun silmistäni
jäin kaipaamaan sinua
    mistä tämä tunne
  tämä totuus
kuin sitä ei olisi
    mistä tämä hetki
jonka kirjoitan
      ennenkuin se menee ohi

sydämeni ja ihoni tuntee ja muistaa
  olinko silloin kokonaan alasti

ihmisen elämä alaston
  vartalo
    hänen silmiensä sisällä

kaikki niin tavallista
　　näyteltyä
pinnalta ja syvältä
　　jokaisella jokin osa
toiset kohdaten
　　silmät katsoo silmiin
　　　　näkevät kasvot

oi kuinka kaunis sinä olet
　　ahdistava rakkaus
oi tätä tunnetta sydämessä
　　ketä kohtaan kuka
oi kuinka sinä olet kaunis
　　　　oi kuinka kauniita te olette
te jotka tunnette itsenne
siksi kun teidät tunnetaan

jos sinä
rakastaisit minua
niin minun ei tarvitsisi
rakastaa itseäni
ilman sinua
kunpa olisin rakastanut
sinua silloin
kun olimme rakastuneet
rakastan
vieläkin sitä
minkä unohdan
sinussa
kun en halua muistaa

tiedätkö että kun kohtasimme
sillä oli tarkoitus jonka tunnemme
ja joskus vielä ymmärrämme
kiitos rakkaus

kalpean maailman yöt
yksin jokainen
         jokainen jokaisen kanssa

suojelen sydäntäni
sinä sait aikaan sen
        ja niin kauan kuin sinua rakastan
kuulun kokonaan sinulle

olisin tahtonut pitää
        kättäni kädessäsi
ja tuntea sen
        mikä tuntematta jäi

ole tässä
        on päivä
sataa valkoista lunta
iltaan ja yöhön ja aamuun on vielä aikaa
        odotin
vaan en jaksanut
        etsin sinua kaiken aikaa
menit kauemmaksi
                jätit rakkauden luokseni
        muiston sinusta

        jospa hetken vain
unelmoisin haaveilisin
        olisin tässä hetkessä
ja muistelisin
                olisin siellä mistä tulin tänne
        jospa vain hetken
kaipaisin odottaisin
                että sinä tulisit luokseni

olitko sinä minulle totuus
    mistä ilmestyit luokseni
valoisin kasvoin
olitko sinä se joka antaa
    elämälle tarkoituksen
joka auttaa minut löytämään itseni
    vai oletko vain sielussani

silmäni muistavat sinut
mutta ne eivät
    kerro mitä näit

kadoksissa yön
            hiljaisissa tuulissa
    käsi

moni on hänen näköisensä
    hänen jota rakastat

        ajatukseni tulevat
kauttani minuun

        katselen
            sinua jota ei ole

miksi kaikki tuhoutuvat
    rakkauden hetketkin
kun ihmiset unohtavat

oi kuinka kaunis
    onkaan kaipaukseni
        se on sydämessäni valmis

katson sinun silmiäsi
    katson aurinkoa
jota en näe

rakastan unohtaen
    ja muistan
kuinka kaunista se oli
      tänäänkin

rakkaus teki minut
kykenemättömäksi rakastamaan
se teki minusta
      sellaisen kuin olen
mietin mikä on rakkauden vaatimus

katselen sinua
kunnes näen sinut

minä en halua
häiritä sinun silmiäsi silmilläni
ellei se tunnu
lempeältä
hyväksyvältä avoimelta

en aio
valvoa öitä
kun ajattelen sinua
vaan nukun
lapsena sylissäsi

oi miten rakkaus elää
unieni hiljaisuudessa
    sanattomia sanoja
        tuntemattomia tunteita
    oliko sinun pakko
nähdä minusta totuus
    hellän valoisasti
    rakastavasti

kuin kuiskaava tuuli rakkaudessa
huulet jotka puhuivat
    sanattomasti

oi hyvä Jumala
kuka toi minut hänen luotaan
sinun tykösi
rakastan vieläkin

rakastatko minua
ilman itseäsi
tuntematta minua
muistatko
sen yön
jolloin emme kohdanneet

tuletko luokseni
kätesi täynnä kyyneleitä
minä
tahtoisin nuolla sinun kätesi
kuiviksi ja sitten
suudella sinun silmiesi lämpöä

yksinäiset katseet
ovat paenneet sinun silmiisi

kadotin rakkauden joka oli ja meni
huomatessani pois
en saanut sitä kiinni
pakeniko se vai ei
halaa minua kauan
koskettele minua kauan
niin että löydän sinut uudestaan

nyt huomaan
että olen ollut lapsena
kaunis ihastuttava
rakastan itseäni
nyt kuin silloin olisi nyt

kirjoittaa rakkaudesta
        on kuin nukkuisi hänen vierellään
rakkaudessa liki sylikkäin
                käsi kädessä
        ja enemmänkin
vapaana
                sidottuna hellyyteen

en tahtoisi unohtaa
        enkä hyljätä itseäni
                sinun kanssasi
        vaan hyväksyä kaiken
mikä on mahdollista
                elämän ja rakkauden
jatkumiseen ja sallivuuteen yhteydessämme

olen väsynyt
        mutta rakastan kuitenkin sinua
niin kauan kuin jaksan
        haaveilen tässä vain
        ja kohta menen nukkumaan
sitä ennen rukoilen

        pakene rakkauteesi
ole rohkea rakkauteesi
        et voi loppujen lopuksi mitään
sille jos hän rakastuu sinuun ja
        sinä häneen
                te toisiinne

sieltä lähdit pois
    sinne kaipasit sinne palasit
mutta et enää kohdannut sitä jota rakastit

    rakkaus
sillä ei ole mitään rajoja
    muuten Jumalaa ei olisi olemassa

ajatukseni juoksevat pitkin silmiäni
tulevat ulos
katselevat hetken
puhuvat sielulleni
kunnes minun on taas
pakko hyväksyä tuntematon rakkaus

silmäni ovat kadonnutta
rakkautta täynnä
ja katseeni etsii sitä

luulin niin
      kunnes tiesin
katsoin totuuteen
          eheään rakkauteen

tulet hiljaiseen huoneeseen
      käsissäsi valkoisia kukkia
hymyilet minulle kuin lapsi
rakastat minua
        elän

            rukoilen
jaksan
                    ajatukset valkoisessa keväässä
aurinko loistaa
        kuin sadussa kauniisti
            kuin olisin itsekin siinä

näillä kultaisilla kujilla
        ei ole lapsilla
kenkiä jaloissa

minä kuuntelen
kalpeiden lasten laulua
surullista laulua
kuolemasta

kannat pientä valkoista arkkua
sylissäsi
se on elämän painava
etkä tiedä
kenen lapsi siinä on

silmistäni vuotaa
veriset kyyneleet
      valkoiseen syliin
aurinko kuu ja tähdet huutavat
   meren yli
jostain kaukaa katsoo lapsi
           näkee

herkkä hiljaisuus
   kauneus
aikuisuudessa lapsenomainen

älä sure kultaseni
lapset itkevät puolestasi

minä olen herkkä poika
    en ole ujo tyttö
en ole mies enkä nainen
            en ole homo enkä lesbo
                    enkä transu
        olen vain aikuiseksi tullut ihminen
liian aikaisin

voisinko minä
saada anteeksi
voisitko sinä hetkeksi katsoa minua
ja nähdä minusta sen
mikä en haluaisi olla

älä lähde rakkaus pois
ole vain kuin lapsi
josta ei tiedä
onko hän poika vai tyttö
sillä hän on niin kaunis

tuuli kirjoitti nimensä aurinkoon

normaalia valoa ja pimeyttä
sinunkin silmissäsi
mitä näet
sitä katsot

huomaamattani
minuun tuli koko maailman kaikkeus
sekin mitä ei ole kukaan
nähnyt tai käsittänyt
huomaamattani tunnen
jotain rajatonta ääretöntä
ja minun on kuitenkin pysyttävä
oman itseni rajoissa

valkoisessa tuulessa
sinisiä kukkasia
ne lentävät minua kohti
luonto tuoksuu
suloisesti
kasvoillani iloa ja surua
minä olen ihminen

seisomme sillalla
    kummatkin
        käsi löytää käden
    ajatukset ovat kukkasia
alla virtaavan joen reunoilla
    sielunmaisemaa
jo aikuiseksi tulleen pojan ja tytön

hetken vain levätä
    auringon alla
silmät kiinni
    nähdä valo sisälläni
        tuntea
auringon lämpö
        kosketan aurinkoa
minuun tulee valo
keltaiset auringonsäteet silmissäni
        lämpö kasvoillani
      ja hän hyväilee poskeani
        tuuli puhaltaa
   minut puhtaaksi
hiljainen tuuli
      hoida hellästi unen lapsia

valkoinen kuu juoksi ohitseni
ja huusi kauniilla äänellään:
    älä unohda rakkautta

kuin tämä kaunis yö
    kuu loistaa
        sataa vettä
rakkaus unelmoi
    unelmoin rakkaudesta
        ikkunaan ropisee
            hellää vettä

pimeä yö
      kaupungin katu
askeleet
      omani
           loistan valoa
kuljen eteenpäin
      väsyttää
minne pääsen nukkumaan
      taloja ovet lukossa
tuuli puhaltaa alas
           luonani on kaipaukseni
ja ikävä sinua
      rakkaani

      kuvittelen olevani
korkealla vuorella ojennan käteni ja
          tulen täyteen kirkkautta
alhaalta laaksosta
          nousevat linnut lentoon
      mitä on ikuisuus
mitä on elämä
      juuri tämä
          minulle tarkoitettu

pehmeä tuuli
    lävistää sinun ihosi
        ei tatuointeja
vaan rakkautta

tulisitko
    tähän huoneeseen
itkemään lintujen kanssa
    sinitaivaalle
        auringosta alemmaksi

valkoinen kuu
ja siinä käsi sen sisällä
                näen sen
tunnen
        ajattelen jotain
                muistan nytkin
valkoisessa maailmassa
        laaksosssa vihreässä
unelmoin siellä sinusta

                kaikki kultainen kaipaus
            tule jo takaisin
    sillä näen sinut
            monta kertaa
kunnes aika liikkuu pois
        ja näen vain sinut
                ja kävelet jonnekin
minne en voi tulla

minä vain kuljin
tähän pimeään huoneeseen
ajattelin
kuljin pimeään huoneeseen
huomasin sen
ihmetellen
kun kuitenkin on valoisaa

olen jossain
missä olen joskus
ennen tai nyt
kuvitelmaa ja näkyjä

          nämä tähdet
ovat välkkyneet
                    merien kuiskauksissa
yksi kerrallaan
          ovat syttyneet
yön taivaalle ja meri
                    on niitä täynnä

koetin ottaa kadonneen meren kiinni
                    näin sen
kun se pakeni
          jonnekin
                    vieden mukanaan
                              minun uneni

sinun kuiskauksesi
                    meren sylistä
ovat kuin minun omia
                    kuiskauksiani
missä me olemme nyt
          milloin kuulemme
toistemme äänet
                    ja tunnemme
tunteet niissä

tule takaisin
          meren syleilyyn
                    kokematon

ajatusten äärirajoilla
    kun tuntee itsensä mahdottomuuden
kaikkialla suuri
       näkymättömyys

    syksyn myöhäinen ilta
       melkein yö
on pimeä

lapset juoksevat auringon valaistessa metsän laidalla
on valoisaa
kirkasta
olen heidän kanssaan
muistelen lapsuuttani
ikävä sinne
nukahdan
tulee aamu
on vieläkin yö
kohta päivä kirkastuu

hän on lapsi
joka kuiskaa toiselle salaisuuden
josta ei itsekään tiedä mitään

miksi rakkaus kävelee pois
hiljaisin askelin
surua mukanaan
katsomatta taakseen
näkien kuitenkin minut
rakkaus liikuttaa itseään

koetan etsiä rakkautta
mutta se pakenee
jonnekin missä se on
ja odottaa jotakin
mikä syntyy vain rakkaudesta

aivan valkoinen puu
runkoineen
oksineen
lehtineen
ja sen takana kirkas taivas
rauhallista hiljaista
huomaan
ei tuule yhtään
mutta ilma liikkuu
hengittää
kuin näkymätöntä salaisuutta

muuttuminen
totuuden toteamista

mitä ihminen tahtoo
        sitä hän on tahtomattaan

        mitä ihminen itsestään etsii
sen hän löytää
toisen salaisuudesta

ehkä se kaikki
        mitä ei ole
        koskaan ollutkaan
                on sitä nyt

        ajatuksiani ajatuksistani
tunteitani tunteistani
                ajattomuutta
        ei muuta

mitä en tahdo unohtaa
sitä ei tarvitsekaan
        unohtaa

ihminen kasvaa
    vain muuttuessaan
kasvaa huomaamattaan
      ja kuitenkin vain pakosta

ihminen on rehellisesti vilpillinen

    ihmisen alku
ajallinen
    ihmisen elämä
rajallinen
    ihmisen loppu
ikuinen
    pitkä elämä
iankaikkisuus
    huomaakohan
sitä edes

elämästämme jää jäljelle
vain se mikä katoaa

unohtaminen on tärkeimmän muistamista

itsekkyys on itsensä hyväksikäyttämistä

kuinka väärämielisiä voivat
     jotkut oikeamieliset olla

ehkä kaikki mitä me olemme
onkin sitä
     mitä ei ole

en tahdo vieläkään
     hyväksyä itseäni
          sellaisena kuin en ole

rakkaus on hidas askelissaan
kun se kiirehtii
rakkaansa luo

hyväksyttävä elämä
elää siinä
olla kaikkea
kuin hukkua meren syliin
kuin kadota avaruuteen

autuaita
ne ihmiset
jotka ovat niin väsyneitä
etteivät jaksa
enää tehdä syntiä

kaikki on kuin kertausta
uudestaan opittua

viisaat ajattelijat oppivat tuomaan
ajatuksensa viisaasti julki

mieti hetki
muiston retki
sieltä tänne
täältä sinne

älä pysäytä
juoksevaa siiliä

vaikka olet
        onnellinen
muista nukkua
        hyvin yösi

ajatellaan yhdessä toisiamme
    jos muistetaan

    haluaisin suuremman television
että näkisin sinut paremmin

hän pesi itsensä puhtaaksi
myös selkänsä

uskallatko olla yksin
ilman itseäsi

tavataan omenapuun alla
        terv. adam tai eeva

joku näkee
        vain elämän
siinäkö kaikki

rakkaus on sokea
        siksi täytyy
avata silmät että sen näkee

tule vaan
minun pieneen yksiööni
ja tee siitä kaksio

miksi tahtoisit
        tietää kaiken
eikö olisikin helpompaa
vain tuntea itsensä

sisälläni avaruus
ja yksi lääkekapseli

       taisin eilen kirjoittaa
sinut uneeni
heräsin aamuun
          ja ajattelen sinua

minun silmissäni on kadonnut aurinko

oletko ajatellut että kädet
        jotka koskettivat aurinkoa
koskettivat sinun sydäntäsi

olen nähnyt avaruudessa
     lentävän meren
auringon alla
     kuiskasin sinulle
tunnetko lämmön
     katsoin sinua
         näin vain auringon
me olimme kahden

     ikuisissa huoneissa
auringon hämärä
     onnellinen aurinko
sinun silmissäsi yö

kuljen rakkauteen
aurinko silmissäni
tuletko sinä minua vastaan
ohjaa minua
silmiesi auringolla

eivät valot syty pimeästä
vaan valosta
mistä saavat loistonsa
ihmissielujen valot

tiedätkö että kun kohtasimme
    sillä oli tarkoitus jonka tunnemme
ja joskus vielä ymmärrämme
    kiitos rakkaus

ne jotka katoavat elämästäni
    jäävät sieluuni
        jotta jaksaisin elää
    ja unelmoida rakkaudesta

olen kulkenut yössä ja
    menettänyt rakkauden
olen tullut valoon ja päivään
    löytäen rakkauden

tule luokseni valkoiseen huoneeseen
          enkeli
sillä tiedän
    että rakastat minua

rakas Jumala
    rakkaudessa
ihminen jokaisen kokoinen
            pieni kokonainen
sinua tarvitseva

    kuin lävitse kultaisen tuulen
        sinä kuiskasit
auringolle nimeni
    pehmeästi
        lämpimästi
                hellästi
kauniilla käsilläsi

ikuisessa yössä
jo kevään aurinko herää
valaisten

     sinun lähelläsi
on kuiskaava yö
     sinun lähelläsi
aurinko hymyilee
         koskettaa totuutta

        yö kirjoitti nimensä aurinkoon
tuli aamu ja päivä ja ilta ja yö
            kirjoitti nimensä aurinkoon

ikuinen aurinko
ja sinä muistit minut

hiljaisten aurinkojen yössä
        lapsen silmissä
suru ja valo
                yö alaston kuin
unien elämä

                kuljin auringon lävitse
        ja kädet koskettivat
vartaloani
                tulin pois auringosta
ja osa siitä tuli minun mukaani
        huomasin sen vasta nyt

elämä kuin säikähtäisi valoa
        laittaisi
kätensä pimeään
                ja puristaisi
nyrkkinsä yössä

missä tähdet
        ovat välkkyneet
minne unet
        ovat unohtuneet

minne olet matkalla
    kuiskaus auringosta
unohdetun meren taakse
juokset innoissasi lapsi

anna minun juosta aurinkoon
sillä sinäkin
    juokset sinne
tule luokseni sillä
        olen sinun luonasi

minä näen
        ja hyväksyn mitä näen
          rakastan sinua
    rakastan itseäni
        ja kaikkea mitä meihin liittyy
rakkaus on Jumalan lahja
    hän on hyvä

    näille kaduille
joille aurinko satoi
        se valaisi pimeyttä
    oli päivä
          ja minä näin unta
heräsin ja koetin rauhoittua
    ajattelemaan rakkauttasi

koko ajan olen
    sitä mitä tunnen
        ja muistan
            olen elävä rakkaudesta

rakkaani rakastan sinua
    ja tahdon että kohtaisimme
        taivaassa toisemme
sellaisina kuin olemme

älä pelkää unen lintu
lennä vain sinne minne haluat
maailma on pieni ja maailma on suuri

joskus kerron itsestäni
        runoissani enemmänkin
itsestäni
        kerron salaa
kukaan ei saa tietää